글 한영식 | 그림 이정화

• 머리말 •

소중한 생명을 위한 약속

반려동물을 키우고 싶어 하는 친구들이 정말 많죠? 귀엽고 사랑스러운 동물들과 함께 살고 싶다는 마음이 드는 것은 자연스러운 일이에요. 하지만 한 생명을 끝까지 책임지는 건 결코 쉬운 일이 아니랍니다. 그래서 꼭 기억해야 할 게 있어요. 바로, 반려동물은 우리가 돌봐야 할 가족이자 소중한 생명이라는 거예요.

반려동물을 키운다는 건, 그 동물이 건강하고 행복하게 지낼 수 있도록 잘 돌보겠다는 약속이에요. 그 약속을 지키기 위해서는 마음뿐만 아니라 시간과 노력도 함께 필요해요. 먹이를 챙기고, 놀아 주고, 아플 땐 돌봐 주는 일까지! 매일매일 책임감 있는 태도로 돌보는 것이 바로 약속을 지키는 첫걸음이에요.

이 책은 여러분이 반려동물을 키우고 싶을 때 꼭 생각해 봐야 할 질문들을 함께 나누는 책이에요. 어떤 동물들이 우리와 함께 지낼 수 있고, 그 친구들에게 어떤 환경이 필요한지, 우리가 지켜야 할 약속은 무엇인지, 그리고 '진짜 준비된 마음'은 어떤 모습인지 찬찬히 알아볼 거예요.

　무엇보다 가장 중요한 건 동물을 좋아하는 친구들의 마음을 따뜻하고 바르게 키우는 거예요. 이 책을 다 읽고 나면, 여러분은 '키우고 싶은 마음'보다 더 멋진 걸 가지게 될 거예요. 바로, '생명을 소중히 여기는 마음'을요.

1. 반려동물을 키우고 싶어

나도 반려동물 빌려줘	12
왜 키우면 안 돼?	18
너도 반려동물이니?	24
야생 동물은 키울 수 없어?	28
멸종 위기 야생 생물도 안 돼!	32
책임감이 가장 중요해	38

2. 드디어 생겼어, 나의 반려동물

어떻게 가족이 될 수 있지?	46
지금부터 가족이야	52
필요한 게 다 달라!	58
놀아 줄 때도 조심해야 해	64
목욕도 시켜 줘야 해?	70
훈련은 정말 중요해	74
어떨 때는 귀찮아	80
아픈 건 정말 싫어	84

3. 반려동물을 소중히

반려동물의 마음 읽기	90
가족은 바꿀 수 없어	96
푸딩이를 잃어버렸어	100
함께 가고 싶어	106
반려동물 호텔도 있어	110
나도 동물학자가 될래	114

4. 끝까지 우리는 가족이야

반려동물을 버리면 안 돼	120
모든 생명을 소중히	126
반려동물도 늙어	132
우리는 다시 만날 거야	136
행복하게 함께 지내	140

등장인물

덤벙이

반려동물을 키우고 싶어 한다. 그러나 반려동물에 대한 이해와 정보 없이 마음만 앞선 상태다.

푸딩이

덤벙이의 반려 강아지.

한쌤

동물 연구소를 운영하는 선생님. 진심으로 동물을 아끼고 사랑한다.

끄덕이
반려동물의 마음을 이해하고 공감하는 능력이 뛰어나다.

에찌
끄덕이의 반려 고양이.

유니
동물을 사랑하는 베테랑 친구. 서툰 덤벙이에게 아낌없이 조언해 준다.

쏙쏙이
유니의 반려 햄스터.

대꾸
유니의 반려 앵무새.

구름이
마음은 여리지만 덤벙이와 죽이 잘 맞는 둘도 없는 친구.

토순이
구름이의 반려 토끼.

1 반려동물을 키우고 싶어

 한쌤의 고민 상담소

🐾 반려동물은 물건이 아니에요

반려동물은 소중한 생명이자 우리와 함께 살아가는 소중한 가족이에요. 가족을 누군가에게 빌려줄 수 없듯이, 반려동물도 당연히 누군가에게 빌리거나 빌려줄 수 없어요.

🐾 가벼운 마음으로 키우면 안 돼요

반려동물은 단지 귀엽다는 이유만으로 쉽게 키울 수 있는 존재가 아니에요. 평생 함께할 가족이라고 생각하고, 아래 질문에 대해 충분히 고민해 보세요.

• 반려동물을 키우고 싶은 이유 •

나는 왜 반려동물을 키우고 싶을까?

나는 반려동물과 어떤 가족이 되고 싶을까?

한 쌤의 고민 상담소

🐾 반려동물은 함께 살아가는 동반자예요

예전에는 집에서 키우는 동물을 애완동물이라 부르며 주인의 소유물로 여겼어요. 하지만 지금은 우리와 함께 살아가는 소중한 가족이라는 의미를 담아 반려동물이라고 하지요.

🐾 소중한 생명임을 꼭 기억해요

기분 좋을 때만 귀여워하고, 바쁘거나 힘들 땐 돌보지 않는다면 반려동물은 아주 슬프고 외로워져요. 작고 귀여운 모습만 보지 말고, 소중한 생명으로 아껴 주어야 해요.

😊 반려동물을 키우기 전에 확인해요

반려동물을 키우기 전에 갖춰야 할 조건들이 있어요. 소중한 가족과 행복하게 지내기 위해 필요한 것들이에요. 나는 반려동물을 맞이할 준비가 되어 있나요? 아래 체크 리스트에 체크해 보세요.

- ☐ 나 외에도 책임지고 돌볼 사람이 있다.
- ☐ 돌보는 데 필요한 비용이 충분하다.
- ☐ 공간적 제약이 없다.
- ☐ 가족들이 반려동물 기르는 것에 동의했다.
- ☐ 함께 지낼 시간이 충분하다.
- ☐ 반려동물에 대한 이해가 충분하다.
- ☐ 끝까지 책임질 수 있다.

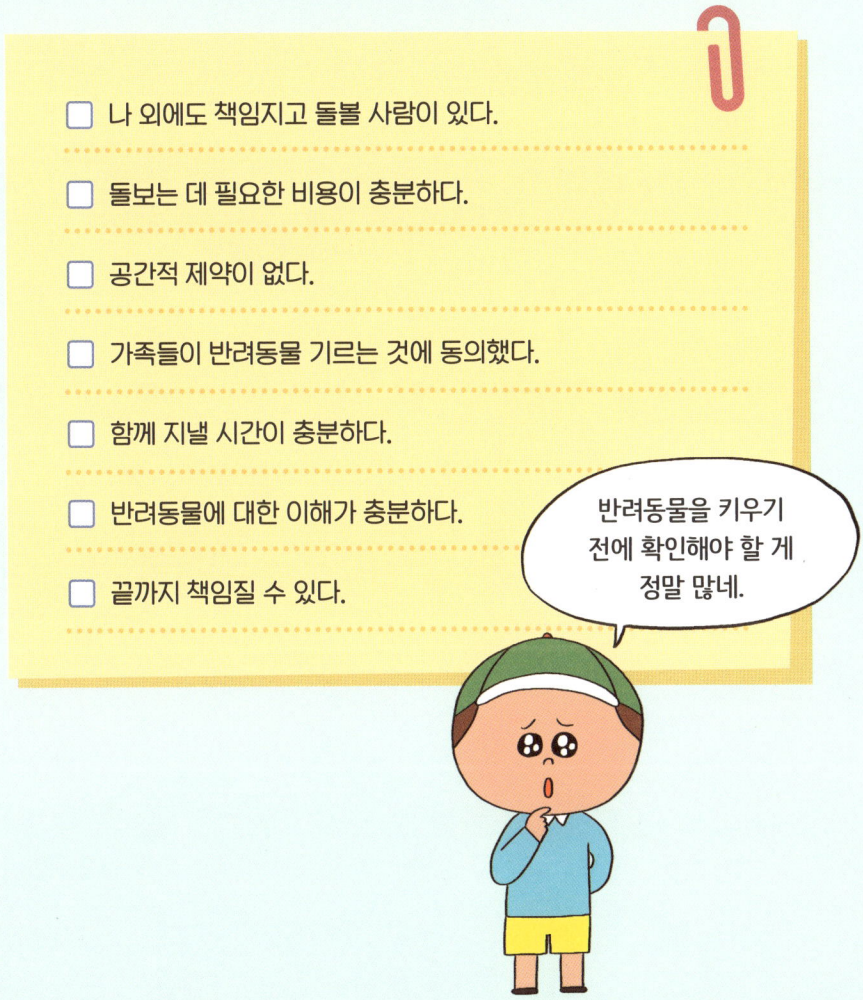

반려동물을 키우기 전에 확인해야 할 게 정말 많네.

너도 반려동물이니?

한쌤의 고민 상담소

🐾 다양한 반려동물이 있어요

예전에는 주로 개와 고양이를 키우는 경우가 많았지만 요즘은 다양한 동물을 반려동물로 키우고 있어요.

설치류
(친칠라, 기니피그 등)

조류
(카나리아, 앵무새 등)

개구리

어류
(금붕어, 열대어 등)

거북이

곤충류
(장수풍뎅이, 사슴벌레 등)

파충류
(이구아나, 도마뱀, 뱀 등)

포유류
(고슴도치, 토끼, 미니피그 등)

희귀 동물류
(페럿, 유대하늘다람쥐, 타란툴라 등)

키우고 싶은 반려동물이 있나요? 나는 어떤 반려동물을 키우고 싶은지 이유와 함께 적어 보세요.

나는 _____ 을(를) 키우고 싶다.

왜냐하면 _____

_____ 때문이다.

나는 강아지를 키우고 싶어. 함께 산책하며 보살펴 줄 수 있을 것 같아!

🐾 야생 동물은 반려동물로 키우기 힘들어요

야생 동물은 타고난 본능과 행동 습성이 달라 쉽게 길들일 수 없어요. 이런 야생 동물이 사람과 함께 살게 되면 큰 스트레스를 받게 되고, 그로 인해 예기치 못한 위험한 상황이 생길 수 있어요.

🐾 야생 동물은 우리와 사는 환경이 달라요

야생에서 살아가는 데 익숙한 동물들은 우리가 사는 환경에 적응하기 어려울 수 있어요.

😺 관리받지 않아서 위험해요

야생 동물은 사람의 건강을 해치는 위험한 병균을 옮길 수 있어 함부로 데려오거나 만지면 안 돼요.

😺 허가받지 않은 야생 동물 사육은 불법이에요

만약 길에서 야생 동물을 구조했다면, 각 지역의 야생 동물 센터에 먼저 연락해야 해요.

멸종 위기 야생 생물도 안 돼!

한쌤의  고민 상담소

🐾 멸종 위기 야생 생물, 우리가 꼭 알고 지켜요

자연에 사는 야생 생물 중에는 개체 수가 줄어들었거나 줄어들 위험에 처한 생물들이 있어요. 이렇게 멸종될 위험이 큰 생물들은 멸종 위기 야생 생물로 지정돼요. 당연히 이런 생물을 키우기 위해 잡아선 안 되겠죠?

• 멸종 위기 야생 생물에 지정된 우리나라 대표 동물

검독수리 　　　　　산양 　　　　　구렁이

금개구리 　　　　　감돌고기 　　　　가시고기

🐾 천연기념물도 있어요

천연기념물은 나라에서 특별히 보호하기로 한 동물, 식물, 지형, 자연물 등을 말해요. 학문적 가치나 아름다움 때문에 법적으로 보호해야 할 가치가 있는 것들이죠. 멸종 위기 야생 생물과 같이 법적으로 보호되고 있어요.

- 천연기념물에 지정된 우리나라 대표 동물

수리부엉이 / 사향노루 / 하늘다람쥐
삽살개 / 점박이물범 / 원앙

- 멸종 위기 야생 생물이자 천연기념물

반달가슴곰 / 수달 / 두루미

책임감이 가장 중요해

한쌤의 고민 상담소

🐾 반려동물은 재미를 위한 존재가 아니에요

사람과 함께 마음을 나누며 더불어 사는 친구이자 가족이죠. 가족으로 맞이하기 전에 내가 끝까지 책임질 수 있는지 깊게 고민해 봐야 해요. 우리가 할 수 있는 책임감 있는 행동에는 다음과 같은 것들이 있어요.

☆ **책임감 있는 행동** ☆

① 반려동물의 건강을 매일 체크해요.
② 반려동물을 이해하기 위해 공부해요.
③ 반려동물이 굶지 않도록 식사를 잘 챙겨요.
④ 반려동물의 기분을 세심히 살펴요.

또 어떤 것들이 있을지 적어 보세요.

> 반려동물을 키우게 되면 건강하고 맛있는 간식을 잘 챙겨 줄 거야!

🐾 가족에게 진심을 이야기해요

내가 반려동물을 키우기 위해 가족을 설득하는 편지를 쓴다고 상상해 보세요. 앞에서 배운 책임감 있는 행동들을 바탕으로 나라면 반려동물을 어떻게 돌볼지 진심을 담아 적어 보세요.

♥사랑하는 _____ 께 ♥

올림

2

드디어 생겼어, 나의 반려동물

★★★ 한쌤의  고민 상담소 ★★★

☆ 반려동물 입양 방법 ☆

① 유기 동물 보호소에서 입양해요
  안락사 위기에 처한 소중한 생명을 구할 수 있고, 유기 동물의 숫자를 줄일 수 있어요.

② 입양 행사에서 입양해요
  동물 보호 단체나 유기 동물 보호소에서 입양 행사를 열기도 해요. 직접 동물을 만나 보고 신중하게 결정할 수 있어요.

③ 가정에서 입양해요
  다른 가정에서 태어난 새끼를 입양하기도 해요. 건강 상태와 예방접종 여부 확인 등 신중한 절차가 필요해요.

우리 집으로 가자.

🐾 예방 접종이 꼭 필요해요

아직 다 성장하지 못한 어린 반려동물은 면역력이 약해서 장염과 심장 사상충 같은 질병에 걸리기 쉬워요. 그래서 시기별로 예방 접종을 받아야 하고, 정기적인 건강 검진으로 질병을 초기에 발견하는 것이 중요해요.

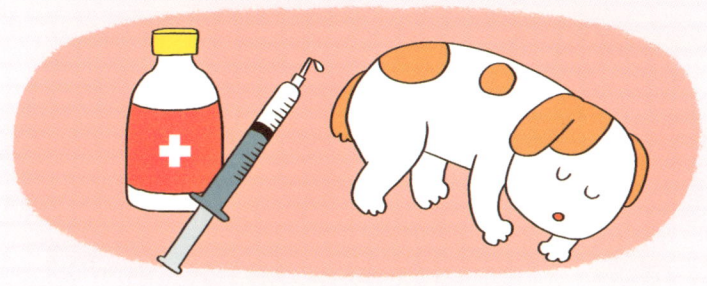

🐾 입양 후에도 접종 계획을 세워요

보호소에서 기본적인 예방 접종을 하기도 하지만 아닌 경우도 있어요. 또, 모든 접종이 끝난 건 아니에요. 입양 후에는 추가 접종이나 정기 접종이 반려동물에게 필요한지 동물병원에서 꼭 확인하고, 반려동물에게 딱 맞는 접종 계획을 세워야 해요. 예방 접종을 한 후에는 목욕이나 산책, 격렬한 운동 등은 피해요.

지금부터 가족이야

한쌤의 고민 상담소

🐾 반려동물, 이렇게 등록해요

반려동물을 키우게 되면 전국의 시, 군, 구청이나 동물병원, 동물 보호소 등에서 동물을 등록해야 해요. 이를 동물 등록제라고 해요. 반려동물이 유기되는 걸 막고 보호하기 위해 시작되었어요.

❶ 동물 등록 신청서 작성.   ❷ 내장형, 외장형 인식표 부착.   ❸ 동물 등록증 발급.

푸딩이와 덤벙이의 정보가 잘 인식되고 있어.

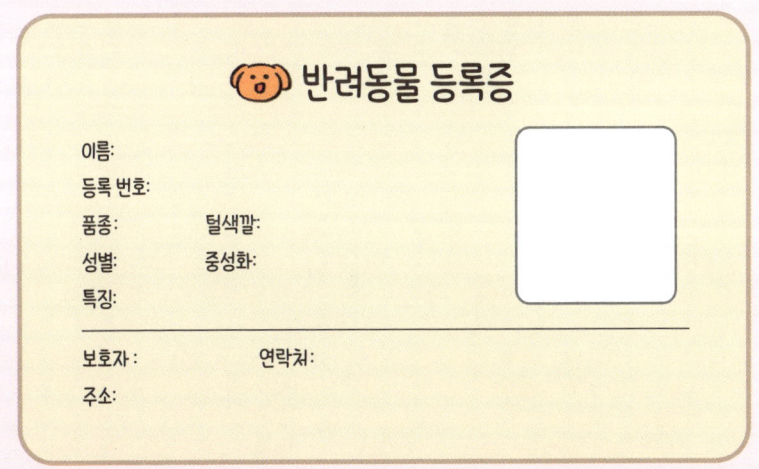

• 나만의 반려동물 등록증을 만들어 보세요. •

한쌤의 고민 상담소

🐾 반려동물마다 필요한 물건이 달라요

모든 반려동물에게 같은 물건이 필요한 건 아니에요. 예를 들어, 개에게는 배변 용품이 필요하지만 물고기나 거북이에게는 필요 없는 것처럼요. 개를 키울 때는 다음과 같은 물건이 필요해요.

하우스
개가 사용하는 집으로 동굴 모양을 좋아해요.

목줄, 가슴줄(하네스)
산책할 때 이용하는 줄이에요.

배변 용품
배변 패드, 배변 봉투 등이 필요해요.

사료
건식, 습식, 화식 사료가 있어요.

간식
육포, 껌, 비스킷 등 종류가 다양해요.

목욕용품
치약과 칫솔, 샴푸 등이 필요해요.

🐾 필수는 아니지만 있으면 좋아요

꼭 필요한 것은 아니지만, 다음과 같은 용품들이 있다면 더 편하고 즐거운 생활을 만들어 줄 수 있어요.

계단
슬개골 등 다리
건강을 지켜 줘요.

온열 매트
반려동물용 전기장판으로
이불 밑에 깔아서 이용해요.

장난감
공, 원반, 로프 등을 이용하면
즐겁게 놀 수 있어요.

의류
겨울에 체온을
유지할 수 있어요.

빗
엉킨 털을 정리할 때
필요해요.

이동 장
안전하게 이동하기
위해 필요해요.

펫 캠
혼자 있는 개의 안전을
확인할 수 있어요.

놀아 줄 때도 **조심**해야 해

★★★ 한쌤의 고민 상담소 ★★★

😮 반려동물의 특성과 성향에 맞게 골라요

장난감은 반려동물의 건강 유지와 스트레스 풀기에 도움이 되고, 주인과 친밀해지는 도구가 돼요.

특성 및 성향	어울리는 장난감
 씹는 것을 좋아한다.	고무나 천으로 만든 장난감이 좋아요. 치아 건강과 스트레스 해소에도 도움이 돼요.
 조용하고 차분하다.	털이나 깃털로 만든 부드러운 장난감이 좋아요. 편안함과 안정감을 줄 수 있어요.
 움직이는 걸 좋아한다.	공처럼 움직이는 장난감이 좋아요. 운동량을 늘리고 사회성을 키울 수 있어요.

😺 안전한 장난감을 골라요

위험한 장난감은 반려동물을 다치게 하거나 스트레스를 줄 수 있어요. 그러니 장난감의 크기와 재질에도 주의해야 해요.

입 크기에 알맞은 장난감을 골라요.
너무 작으면 삼킬 수 있고
너무 크면 다칠 수 있어요.

장난감의 재질도 중요해요.
만지고, 물고, 던지기 때문에 튼튼해야 하니까요. 플라스틱이나 천, 고무처럼 날카롭지 않고 쉽게 찢기거나 깨지지 않는 재질이 좋아요.

장난감이 오래되면 위생상 위험해요.
한 달에 한 번씩 교체하고 매일 깨끗이 닦아 주는 게 가장 좋아요.

★★★ 한쌤의 고민 상담소 ★★★

🐾 목욕은 왜 중요할까요?

개에게 목욕은 건강을 위해서 꼭 필요해요. 냄새와 오염 물질을 씻어 내야 피부와 털이 깨끗하고 건강하게 유지되거든요.

눈과 귀에 들어가지 않게 주의하며 미지근한 물로 털을 적셔요.

반려견용 샴푸로 거품을 내서 마사지하듯 비벼 줘요.

미지근한 물로 털을 깨끗하게 헹구고 수건이나 헤어 드라이기로 말려요.

빗질로 마무리를 해요. 간식을 주며 크게 칭찬해요.

🐾 목욕은 소중한 돌봄의 시간이에요

처음 목욕을 한다면 무서워하거나 낯설어할 수 있지만, 좋은 기억을 자주 쌓으면 편안한 시간이 될 수 있어요. 이러한 꾸준한 돌봄은 개와 보호자 사이의 유대감을 더 깊게 만들어 줘요.

🐾 개도 목욕을 자주 하나요?

개의 목욕 주기는 품종, 피부 상태, 생활 환경에 따라 달라요. 내 반려견에 맞게 적절한 목욕 주기를 맞춰 줘요. 보통 3~4주가 적당해요.

훈련은 정말 중요해

한 쌤의 고민 상담소

😀 생활 습관을 잡아 줘야 해요

배변 훈련이 안 되면 온 집안이 화장실이 될 수 있고, 음식을 잘 먹지 않거나 규칙적으로 잠을 자지 못하면 쉽게 아플 수 있어요. 반려동물의 생활 습관을 잡아 주는 것은 반려동물의 건강을 지키는 첫걸음이에요.

◆ 배변 습관 ◆

- 집에 온 첫날 배변 장소를 정해 줘요.

- 코를 낮추고 이곳저곳을 빙빙 돌면 화장실을 가려는 신호예요.

- 자주 배변을 하는 곳에 배변 패드를 놓아 주세요.

- 배변 장소를 기억할 수 있도록 2주 이상 꾸준히 훈련해요.

- 배변을 잘했을 때 크게 칭찬하면 배변 습관이 잘 자리 잡아요.

◇ **식습관** ◇

- 조용한 식사 장소를 정해 시간을 지켜서 줘요.

- 연령, 크기, 활동량에 알맞는 사료의 양을 하루에 두세 번 나눠 줘요.

- 부족한 영양은 소고기, 닭고기, 생선 등의 간식으로 보충해 줘요.

- 매일 깨끗한 물을 줘요.

- 식사 후에 바로 잠을 자면 좋지 않아요.

◇ **수면 습관** ◇

- 하루에 평균 12~14시간 정도 잠을 자야 해요.

- 편안하게 잘 수 있도록 침대나 담요 등을 준비해요.

- 너무 덥거나 춥지 않게 하고, 어둡고 조용한 환경을 만들어 줘요.

- 매일 비슷한 시간에 규칙적으로 잠을 자는 게 좋아요.

- 규칙적인 운동과 산책을 하면 잠을 더 잘 자요.

어떨 때는 귀찮아

한쌤의  고민 상담소

🐾 주기적으로 산책을 해요.

개에게 산책은 매우 중요해요. 산책은 단순한 외출이 아니라, 개에게 최고의 놀이이자 운동이에요. 개는 산책을 통해 스트레스를 풀고 다양한 세상을 경험할 수 있어요.

🐾 산책할 때 주의해요

- 도로나 주차장 등에서 차와 부딪히지 않게 주의해요.
- 반려동물이 이상한 걸 주워 먹지 않도록 항상 눈여겨봐야 해요.
- 철쭉, 수선화처럼 독성이 있는 식물과 접촉하지 않도록 조심해요.
- 풀밭을 산책할 때는 진드기와 모기에 물리지 않게 신경 써야 해요.

차가 지나가면 가자.

😊 펫티켓을 지켜요

공공장소에서 반려동물과 함께할 때 지켜야 할 예의를 펫티켓이라고 해요. 산책 중 모두가 행복해질 수 있도록 지켜야 할 펫티켓에는 어떤 것들이 있을지 적어 보세요.

- 반려동물 출입이 가능한 곳인지 먼저 확인해요.
- 배변 처리를 잘해요.
- 인식표와 목줄을 착용해요.

아픈 건 정말 싫어

★★★ 한 쌤의 고민 상담소 ★★★

😀 펫 푸드가 뭐예요?

반려동물이 먹는 음식을 펫 푸드(Pet food)라고 해요. 요즘은 반려동물을 키우는 사람들이 많아지면서, 다양한 종류의 펫 푸드가 개발되어 판매되고 있어요.

😀 어떤 음식을 줘야 할까요?

사람이 먹는 음식 중에도 개가 먹어도 괜찮은 것들이 있어요. 단, 개에게 적절한 양과 방법으로 줘야 해요. 어떤 것들이 있는지 함께 살펴볼까요?

육류 — 고기는 털과 피부, 근육, 면역 체계에 매우 중요해요.

고구마 — 식이 섬유가 풍부해서 변비를 예방해요.

수박 — 수분이 많아서 더운 여름에 탈수를 예방해 줘요.

사과 — 원활한 장 활동을 돕고 입냄새를 제거해 줘요.

🐾 개에게 먹이면 안 돼요

사람은 먹어도 괜찮지만, 개에게는 위험하거나 독이 되는 음식들이 있어요. 아래의 음식들은 개가 중독되거나, 배탈이 나거나, 심하면 생명을 위협할 수도 있기 때문에 주의해야 해요.

☆ 독이 되는 음식 ☆

초콜릿	마늘	치즈	과일 씨앗
카페인	파	포도(건포도)	마카다미아
닭 뼈	부추	알코올	호두
생선 뼈	요플레	생감자	자일리톨
양파	우유	날달걀	사람이 먹는 약

이런 음식은 안 돼요!

3 반려동물을 소중히

반려동물의 마음 읽기

★★★ 한쌤의 고민 상담소 ★★★

🐾 반려동물의 마음을 잘 살펴요

반려동물은 몸으로 의사 표현을 해요. 그래서 반려동물의 행동을 자세히 관찰하면, 그들의 기분이나 마음을 조금씩 이해할 수 있어요. 개와 고양이의 의사 표현을 알아볼까요?

🐾 개는 이렇게 표현해요

기쁘거나 흥분했을 때
꼬리를 높고 빠르게 흔든다.

두렵고 불안할 때
꼬리를 숨기거나 낮게 든다.

스트레스 받을 때
하품을 한다.

주인의 관심을 끌 때
주인에게 손을 들어 보인다.

어떤 방향에 집중할 때
귀를 한 방향으로 움직인다.

편안한 공간을 만들 때
소파, 침대, 이불을 긁는다.

🐾 고양이는 이렇게 표현해요

믿음과 신뢰를 표현할 때
자신의 등을 보이며 뒤돈다.

사랑을 표현할 때
천천히 눈을 깜박인다.

기분이 좋을 때
꼬리를 곧게 세운다.

흥분을 가라앉힐 때
발톱으로 사물을 긁는다.

졸리거나 나른할 때
눈을 게슴츠레 뜬다.

호기심을 느껴 집중할 때
귀를 앞으로 세운다.

불편하고 불안할 때
귀를 빳빳하게 뒤로 젖힌다.

경계하거나 불만 있을 때
부릅뜬 눈으로 응시한다.

불안하거나 긴장했을 때
꼬리를 낮게 부들거린다.

가족은 바꿀 수 없어

한쌤의 고민 상담소

🐾 반려동물의 모습 그대로를 사랑해요

생김새와 크기만 보고 다른 동물을 부러워할 필요는 없어요. 우리 반려동물들은 세상에 하나뿐인 특별한 가족이잖아요. 물론, 몸집의 크기에 따라 필요한 공간이나 돌보는 방법이 조금씩 달라지기 때문에 미리 잘 알아 두는 것이 좋아요.

🐾 대형견은 넓은 공간과 꾸준한 훈련이 필요해요

활동량이 많아 넓은 공간에서 마음껏 뛰어놀 수 있어야 해요. 또, 먹는 양과 배설물 양이 많아서 돌보는 데 시간과 정성이 필요하지요. 커다란 덩치는 다른 개들이나 사람에게 위협적일 수 있어서 훈련도 잘 시켜야 해요.

골든 리트리버   시베리아 허스키   사모예드

🐾 중형견은 에너지가 넘쳐요

대형견보다는 작지만 에너지가 넘쳐요. 소형견처럼 공동 주택에서도 키울 수 있지만, 매일 산책하며 에너지를 충분히 발산할 수 있게 도와줘야 스트레스를 받지 않아요.

코커스패니얼　　　웨일스귀염둥이　　　비글

🐾 소형견은 실내 생활에도 잘 적응해요

좁은 공간에서도 잘 적응하기 때문에 아파트나 빌라 같은 공동 주택에서도 생활하기에 좋아요. 먹는 양과 배설물 양이 적어서 중·대형견에 비해 관리하기 쉽고, 더 오래 살기도 해요.

몰티즈　　　푸들　　　포메라니안

푸딩이를 잃어버렸어

★★★ 한쌤의  고민 상담소 ★★★

🐾 반려동물을 잃어버리지 않게 미리 주의해요

소중한 가족을 잃어버리지 않도록 조심할 수 있는 방법과 혹시 잃어버리더라도 쉽게 찾을 수 있게 미리 대비하는 방법을 알아봐요.

보호자 없이 반려동물이 실외로 나가지 못하게 해요.

외출할 때 등 문단속을 수시로 해요.

보호자의 연락처가 적힌 목줄을 착용해요.

집으로 돌아오는 길에 익숙해지도록 산책을 자주 해요.

길을 잃은 반려동물이 기다릴 수 있도록 좋아하는 장소를 만들어 줘요.

푸딩아, 다시는 널 잃어버리지 않을게.

왕왕!

🐾 반려동물을 잃어버렸다면?

잃어버린 반려동물을 찾기 위해서는 다음과 같이 해요.

함께 가고 싶어

한쌤의 고민 상담소

🐾 반려동물도 비행기를 탈 수 있어요

미리 반려동물 동반 탑승을 신청하면 가능해요. 모든 반려동물이 탑승할 수 있는 것은 아니지만 일반적으로 개와 고양이, 새는 탑승할 수 있어요. 단, 항공사 별로 규정이 다를 수 있으니 항공사의 홈페이지나 고객 센터를 통해 미리 확인해야 해요.

🐾 준비물이 필요해요

반려동물과 함께 비행기를 타기 위해서는 이동 장이 꼭 필요해요. 비행 중 이동 장이 열리지 않도록 주의해야 해요.

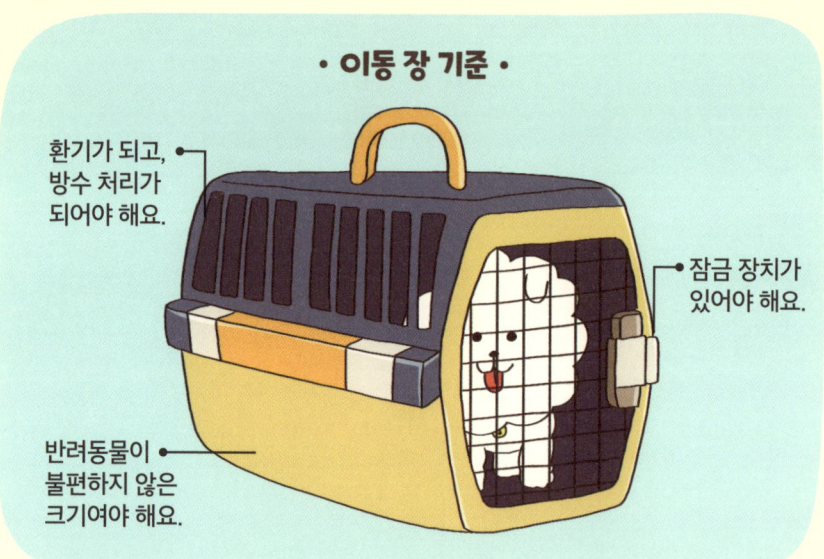

• 이동 장 기준 •
- 환기가 되고, 방수 처리가 되어야 해요.
- 잠금 장치가 있어야 해요.
- 반려동물이 불편하지 않은 크기여야 해요.

🐾 비행기 펫티켓을 지켜요

기내에서도 역시 펫티켓을 잘 지켜야 해요. 반려동물과 함께 기내에 탑승할 때 지켜야 할 펫티켓은 어떤 것들이 있을까요?

- 미리 이동 장 안에 오랫동안 앉아 있는 훈련을 해요.
- 인식표와 목줄을 잘 착용해요.
- 반려동물을 이동 장 밖으로 꺼내지 않아야 해요.
- 반려동물이 흥분하거나 불안해하지 않도록 잘 살펴봐요.
- 장시간 이동을 힘들어하면 억지로 데려가지 말아야 해요.

반려동물 호텔도 있어

한쌤의 고민 상담소

🐾 반려동물 호텔이 있다고요?

보호자가 부득이한 사정으로 반려동물과 떨어져야 할 때, 반려동물을 집에 혼자 두기 힘들다면 이용하는 곳이에요. 이곳은 소중한 반려동물을 안전하고 편안하게 돌봐 주는 곳이에요. 반려동물이 좋아하는 침구, 음식, 놀이 시설도 있고 새로운 반려동물 친구도 만날 수 있어요.

🐾 안전을 위해 한 번 더 체크해요

사고는 언제든지 일어날 수 있어요. 반려동물이 호텔을 탈출할 수도 있고, 보호자 모르게 학대와 방치가 이루어지는 경우도 있지요. 반려동물 호텔을 고르기 전, 아래 체크 리스트에 체크해 보세요.

- ☐ 안전장치와 CCTV가 잘 설치되어 있나요?
- ☐ 24시간 돌봄이 이루어지나요?
- ☐ 반려동물이 편안히 쉴 수 있는 충분한 크기의 공간인가요?
- ☐ 대형 동물과 소형 동물의 구역이 분리되어 있나요?
- ☐ 식사 및 간식이 잘 제공되나요?
- ☐ 산책 및 운동 시간이 잘 짜여져 있나요?

여긴 놀이터도 있고, 안전 관리도 철저하네. 좋아! 여기로 결정!

나도 동물학자가 될래

★★★ 한쌤의 고민 상담소 ★★★

🐾 동물을 사랑하는 마음을 직업과 연결할 수 있어요

동물과 관련된 직업을 선택하려면, 우선 동물을 진심으로 이해하는 마음이 필요해요. 반려동물을 키우는 사람이 늘어나면서 동물과 관련된 다양한 직업들이 생겨나고 있어요. 어떤 직업들이 있는지 한번 살펴볼까요?

수의사

동물 보건사

반려견 스타일리스트

동물 사육사

동물 보호 보안관

야생 동물 재활사

반려동물 장례 지도사

펫 시터

반려동물 용품 가게 운영자

😃 나는 어떤 직업을 갖고 싶나요?

　내가 어른이 되었을 때 동물에게 도움을 주는 직업을 갖게 된다고 생각해 보세요. 어떤 직업을 갖고 싶나요? 앞에서 배우지 않은 직업을 적어도 괜찮아요. 이유와 함께 적어 보세요.

내가 갖고 싶은 직업은 _____ (이)다.

왜냐하면 _____

_____

_____

_____

_____

_____

_____

_____

내가 갖고 싶은 직업은….

반려동물을 버리면 안 돼

★★★ 한 쌤의  고민 상담소 ★★★

🐾 유기 동물 보호소는 어떤 일을 하나요?

유기 동물 보호소는 버려지거나 주인을 잃은 동물, 혹은 위험한 장소를 떠도는 동물들을 구조하여 잠시 보살펴 주는 곳이에요. 일정 기간 동안 공고를 내서 유기 동물의 주인을 찾고, 그 후에는 새로운 입양처를 구해요.

유기 동물 보호소는 유기 동물 문제에 대한 교육은 물론, 책임감 있는 반려동물 양육 문화를 확산시키기 위해 노력하는 곳이에요.

🐾 우리도 유기 동물을 위해 봉사할 수 있어요

가족을 잃고 보호소로 온 유기 동물들은 봉사자들의 도움 덕분에 더 나은 환경에서 생활할 수 있어요. 직접 가서 일을 돕는 것뿐만 아니라 후원금을 전달하거나 이불이나 수건 같은 물품을 기부할 수도 있지요.

내가 할 수 있는 봉사에는 어떤 것들이 있을지 적어 보세요.

모든 생명을 소중히

한쌤의 고민 상담소

🐾 동물을 버리면 안 돼요

동물은 말을 할 수 없어요. 자신의 죽음에 대해서도 선택할 수 없지요. 끝내 가족을 찾지 못한 동물은 안락사로 인해 죽음을 맞이할 수 있어요. 실수로라도 내 가족을 잃어버리지 않도록 노력해야 하고, 무엇보다 내 가족인 반려동물을 절대 버려선 안 돼요.

🐾 유기 동물의 수를 줄여야 해요.

보호소에서 보살필 수 있는 동물의 수는 한계가 있어요. 적은 인원으로 많은 동물들을 돌보는 것도 어렵지요. 그래서 우리에게 중요한 건, 유기 동물이 생기지 않도록 처음부터 책임감 있게 반려동물을 키우는 거예요.

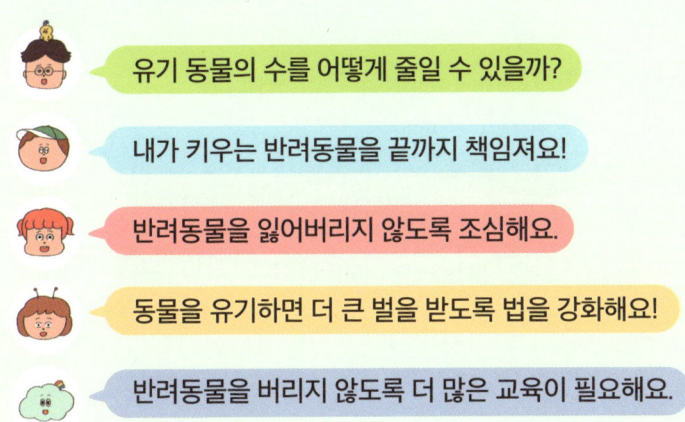

- 유기 동물의 수를 어떻게 줄일 수 있을까?
- 내가 키우는 반려동물을 끝까지 책임져요!
- 반려동물을 잃어버리지 않도록 조심해요.
- 동물을 유기하면 더 큰 벌을 받도록 법을 강화해요!
- 반려동물을 버리지 않도록 더 많은 교육이 필요해요.

유기 동물의 수를 줄이기 위해 내가 할 수 있는 노력에는 어떤 것들이 있을지 적어 보세요.

반려동물도 늙어

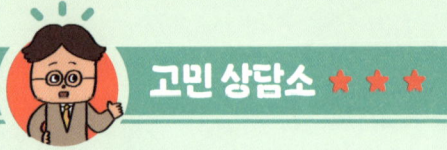

🐾 반려동물은 사람보다 수명이 짧아요

반려동물은 사람보다 훨씬 더 빨리 나이가 들어요. 보통 개와 고양이는 10살에서 15살 정도까지 살 수 있어요. 그래서 우리보다 먼저 늙고, 먼저 하늘나라로 떠날 수도 있답니다. 우리는 반려동물과 함께 있는 시간을 더욱 소중히 여겨야 해요.

🐾 반려동물도 나이가 들어요

언제까지나 함께 살고 싶은 마음은 이해하지만, 반려동물을 보내 줄 마음의 준비도 필요해요. 대표적인 반려동물인 개가 나이가 들면 생기는 주요 변화를 알아볼까요?

- 활동량이 줄고 잠자는 시간이 늘어나요.
- 털이 줄어들거나 하얗게 변해요.
- 털의 윤기가 점점 사라져요.
- 시력과 청력이 약해져요.

나이가 든 반려동물을 위해 내가 어떤 것들을 할 수 있을지 한 번 적어 보세요.

- 정기적으로 병원에 데려간다.
- 자주 쓰다듬어 준다.

한 쌤의 고민 상담소

🐾 무지개다리를 건너는 반려동물

반려동물이 세상을 떠나는 걸 무지개다리를 건넌다고 표현해요. 반려동물이 죽기 전에는 몇 가지 증상을 보일 수 있어요. 이별을 맞이하기 전, 반려동물의 마지막 길을 잘 배웅할 수 있도록 준비해야 해요.

> ☆ 반려동물이 세상을 떠나기 전 보이는 증상 ☆
>
> ① 며칠 동안 밥을 먹지 않아요.
> ② 계속 누워만 있어요.
> ③ 변을 아무 곳에나 봐요.
> ④ 혀를 내밀고 있어요.

*반려동물 장례식장 관련 정보는 국가동물보호정보시스템 홈페이지에서 찾을 수 있어요.

펫 로스 증후군 체크하기

사랑하는 반려동물이 죽으면 큰 슬픔을 겪게 돼요. 만약 심한 우울감이나 상실감이 지속된다면, 펫 로스 증후군일 수 있어요. 소중한 반려동물이 무지개다리를 건넜다면 다음 사항을 체크해 보세요.

- [ ] 죽음을 받아들이지 못하고 우울감과 죄책감이 든다.
- [ ] 반려동물과 함께 갔던 장소만 가도 눈물이 난다.
- [ ] 반려동물의 장난감이나 담요 옆에서 잠을 잔다.
- [ ] 반려동물이 쓰던 물건을 버리지 못한다.
- [ ] 반려동물이 없는 집에 혼자 있는 것을 힘들어한다.

이런 증상이 2주 이상 지속되면 전문가와 상담해야 해요.

한쌤의 고민 상담소

🐾 반려동물을 어떻게 행복하게 해 줄 수 있을까요?

반려동물을 행복하게 해 주는 방법은 여러 가지가 있지만, 가장 중요한 것은 사랑과 관심을 주는 거예요. 반려동물을 행복하게 해 줄 수 있는 방법에는 어떤 것들이 있을지 적어 보세요.

😊 버킷 리스트 만들기

반려동물과 함께 하고 싶은 버킷 리스트를 만들어 하나씩 실천하면 반려동물과 함께하는 시간이 더 애틋하고 보람찰 거예요. 아래 버킷 리스트를 작성해 보세요.

• 버킷 리스트 •

- ☐ 반려동물 동반 카페 가서 여유 즐기기
- ☐ 함께 바다 보러 가기
- ☐
- ☐
- ☐
- ☐
- ☐
- ☐

푸딩아, 행복하게 해 줄게!

책임질게! 반려동물

2025년 11월 15일 1판 1쇄 발행

글 | 한영식 **그림** | 이정화
펴낸이 | 나성훈 **펴낸곳** | ㈜예림당 **등록** | 제2013-000041호
주소 | 서울특별시 성동구 아차산로 153 **홈페이지** | www.yearim.kr
구매 문의 전화 | 마케팅 561-9007 **팩스** | 562-9007
책 내용 문의 전화 | 566-1004
ISBN 978-89-302-7167-7 74190
      978-89-302-7165-3 74190 (세트)

책임 편집 | 최은송/심다혜 정유진 **디자인** | 이현주
제작 | 신상덕/박경식 **콘텐츠 제휴** | 문하영
영업 | 임상호 전훈승 **홍보** | 김다히

ⓒ 2025 한영식, 예림당

이 책은 저작권법에 따라 보호받는 저작물이므로 무단 전재와 무단 복제를 금합니다.
이 책의 표지 이미지나 내용 일부를 사용하려면 반드시 ㈜예림당의 서면 동의를 받아야 합니다.
낙장, 파본 등 결함이 있는 도서는 구입한 곳에서 교환받을 수 있습니다.

⚠ 주의 : 책을 던지거나 떨어뜨리면 다칠 우려가 있으니 주의하십시오.